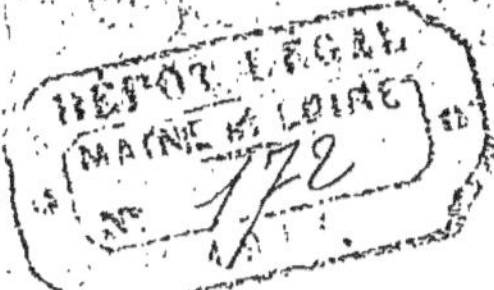

ANNALES DU MUSÉE GUIMET

REVUE
DE
L'HISTOIRE DES RELIGIONS

PUBLIÉE SOUS LA DIRECTION DE

MM. RENÉ DUSSAUD ET PAUL ALPHANDÉRY

AVEC LE CONCOURS DE

MM. E. AMÉLINEAU, A. BARTH, R. BASSET, A. BOUCHÉ-LECLERCQ, J.-B. CHABOT, E. CHAVANNES, FR. CUMONT, E. DE FAYE, G. FOUCART, A. FOUCHER, COMTE GOBLET D'ALVIELLA, I. GOLDZIHER, H. HUBERT, L. LÉGER, ISRAEL LÉVI, SYLVAIN LÉVI, AD. LODS, G. MASPERO, M. MAUSS, A. MEILLET, P. MONCEAUX, ED. MONTET, A. MORET, P. OLTRAMARE, F. PICAVET, C. PIEPENBRING, A. RÉBELLIAU, AD. REINACH, M. REVON, J. TOUTAIN, A. VAN GENNEP, ETC.

MARCEL GRANET

PROGRAMME D'ÉTUDES SUR L'ANCIENNE RELIGION CHINOISE

PARIS
ERNEST LEROUX, ÉDITEUR
28, RUE BONAPARTE (VIe)

1914

PROGRAMME D'ETUDES
SUR L'ANCIENNE RELIGION CHINOISE

PROGRAMME D'ÉTUDES

SUR L'ANCIENNE RELIGION CHINOISE

Pour connaître l'Extrême-Orient, il est bon d'étudier la Chine, qui l'a civilisé ; pour étudier les institutions chinoises singulièrement traditionnelles, il est utile de les prendre aussi haut que possible dans le passé. Voilà qui peut justifier un plan de travail dans lequel, par trois côtés différents, on essaiera d'arriver à savoir quelque chose de la Religion chinoise ancienne.

On étudiera d'après le dictionnaire étymologique *Chouo-wen Kiai-tse* un certain nombre de termes qui forment le vocabulaire religieux des anciens chinois ; on traduira le chapitre du « mariage des nobles » qui est le deuxième chapitre du *Yi Li* , livre du cérémonial ; on recherchera, on groupera, on s'efforcera d'expliquer les textes de dates et de provenances diverses qui se rapportent aux rites de l'eau et de la pluie ou à des pratiques et croyances connexes.

On désire montrer ici comment ces trois séries d'études se complètent ; pour cela on expliquera quel peut être l'intérêt précis de chacune d'elles.

*
* *

Il n'existe pas de travail méthodique sur l'histoire de la langue chinoise. Le meilleur dictionnaire, celui du P. Couvreur, énumère les sens des mots et les classe ; comme le dictionnaire de K'ang-hi, il donne des exemples de leurs divers emplois et même il date ces exemples par des références précises. Mais il nous faudrait plus : nous aurions besoin de connaître les acceptions spéciales que prennent les mots dans les différentes langues techniques et quels rôles ont joué dans la vie des mots ces acceptions particulières ; nous voudrions être informés à la fois des changements de valeur que les mots ont subis au cours des siècles et du sens premier à partir duquel ils ont évolué.

Or, les travaux qu'il faudrait faire, pour difficiles qu'ils soient, ne sont ni impossibles, ni même mal préparés. Il y a eu, et en grand nombre, des lexicographes chinois. Mais, si l'on reprenait leur œuvre pour la systématiser, un problème se poserait tout d'abord.

On peut dire, en gros, qu'il y a eu, en Chine, deux tendances, deux méthodes pour essayer de rendre compte du sens des mots chinois. L'une consiste à grouper les homophones : c'est une méthode phonétique ; l'autre est graphique et consiste à analyser les formes par lesquelles l'écriture représente le sens des mots.

Le problème que voilà posé, il faut, pour être prudent, l'avoir présent à l'esprit ; mais nous ne nous proposons pas de le traiter : nous ne prendrons parti ni pour l'une ni pour l'autre méthode. Et c'est dans un esprit tout pratique que nous étudierons quelque pages du *Chouo-wen*.

Ce dictionnaire est le plus ancien essai, de nous connu, où l'on ait tenté d'expliquer les mots par les caractères qui les symbolisent. Au reste, bien des fois, l'explication graphique se double d'une explication phonétique. Par exemple, le caractère 鬼 *kouei* que l'on traduit par démon est d'abord expliqué graphiquement : Les *kouei* sont les êtres que l'on se représente avec une tête particulière, des jambes et un pouvoir nocif qu'un signe symbolise ; mais on explique encore l'idée qu'on se fait d'eux en rapprochant le mot qui les désigne d'un autre mot qui se prononce de même et qui signifie revenir, faire retour En effet, l'on dit tantôt que le *kouei* est cette partie de la personnalité du défunt qui fait retour à la terre; tantôt qu'il est le revenant dont le culte peut fixer le pouvoir sur une tablette funéraire.

Cependant, dans l'ensemble, le *Chouo-wen* explique surtout l'écriture et explique par l'écriture. Mais ce qui nous le fait choisir, ce n'est pas une préférence pour son système d'interprétation, c'est l'antiquité relative du texte. Au début du troisième siècle de notre ère, un érudit du nom de Hiu Chen publia un répertoire d'à peu près 10.000 caractères classés sous 540 clés. Il reprenait un travail fait sous le fondateur de la dynastie Ts'in par son ministre Li Sseu. Le nouveau recueil avait pour but d'expliquer les caractères simples ou dessins, *wen*, et les caractères complexes, *tse*.

Si l'on voulait, en partant du *Chouo-wen*, procéder méthodiquement à des recherches linguistiques, il faudrait confronter les définitions qu'il donne avec les emplois de mots que l'on trouve dans les textes anciens. Nous ferons quelquefois ce travail; un exemple peut en montrer l'intérêt: Un caractère qui se prononce *lou* 祿 a aujourd'hui le sens de salaire, traitement, payé d'ordinaire en nature. Ainsi il y a une expression pour dire de quelqu'un qu'il est mort, sans employer le mot mourir, qui est néfaste, et cette expression est: il ne mange plus son salaire. Mais voici quel est le sens premier du mot: le terme *lou* est un des nombreux équivalents du terme *fou* 福; on traduit ce dernier par bonheur; il désigne en réalité la force heureuse qui dérive du sacrifice. Les viandes sacrifiées dans le culte des ancêtres sont consommées par les parents et par les vassaux: quand on les leur envoie, on dit qu'on leur envoie du *fou*, du Bonheur; les termes sont synonymes: et tous les mots qui désignent ces viandes sacrificielles signifient aussi Bonheur, Bénédiction. Ainsi le seigneur payait son vassal de sa collaboration au sacrifice par un envoi de « Bonheur », c'était là le salaire, du moins le salaire principal. Ainsi s'explique le sens moderne du mot *lou*: son histoire est l'histoire même des institutions chinoises: elle implique le passage d'une organisation féodo-patriarcale à une organisation centralisée. Même, si l'on mange toujours son salaire, puisqu'il est donné en nature, c'est qu'à l'origine l'impôt fut une contribution au culte et une contribution en nature. On voit comment l'étude des mots importe à l'histoire des institutions.

Le plus souvent, sans chercher à apprendre le sort des termes que nous rencontrerons, nous nous bornerons à déterminer le sens que leur donnaient les grands érudits de la dynastie Han, tel que nous l'enseigne le *Chouo-wen*. C'est là notre but principal. D'abord ces érudits ont été les premiers lexicographes ; les définitions qu'ils ont énoncées ont pesé par la suite sur la vie des mots : qui veut pénétrer les représentations religieuses des Chinois modernes ne peut ignorer ces définitions. Surtout ces érudits vivaient à une époque passionnée d'archéologie et, de ce fait, leurs études sont l'un des plus sûrs documents qui nous permettent d'atteindre les représentations anciennes.

Ainsi l'étude rapide et toute pratique que nous voulons faire nous amènera à nous poser quelques problèmes importants. Je veux en indiquer un.

Nous étudierons particulièrement les mots classés sous deux clés. L'une est celle des manifestations astrales, l'autre, celle des démons : les définitions que je donne sont toutes provisoires. Mais n'est-il pas déjà très intéressant de savoir que la plus grande partie du vocabulaire religieux chinois a pu être classée sous ces deux clés ? S'il est vrai que les idées qu'expriment les clés font partie du sens des mots dont le symbole écrit comprend de même la représentation figurée de ces clés, ne doit-on pas conclure que la pensée religieuse des Chinois a deux pôles qui sont le ciel et les démons? Religion astrale, animisme, c'est bien ainsi qu'on a souvent caractérisé la religion chinoise. Une étude philologique même rapide nous mettra en état de faire certaines remarques critiques à propos de cette conception.

Plus précisément, nous pourrons prendre quelque idée de ce que vaut l'opposition classique entre les *chen* et les *kouei*,

On traduit d'ordinaire le premier de ces mots par *dieux* et l'on entend par là les dieux du ciel, les esprits célestes ; on traduit le deuxième par *démons* et l'on entend par là les revenants, les esprits des morts. Aussi est-ce un débat de savoir si la religion chinoise fut d'abord animiste à la fois et naturiste, ou bien si le culte des forces naturelles précéda celui des esprits ou bien si ce fut l'inverse. En essayant de définir les mots *chen* et *kouei* nous verrons que ce débat n'est qu'une querelle d'école et que le problème sur lequel il porte a été hâtivement et mal formulé.

*
* *

On ne consacrera pas trop de temps à ces recherches sur le *Chouo-wen*, quel qu'en puisse être l'intérêt. On les dirigera de façon à en retirer un bénéfice tout pratique : elles feront sentir qu'il faut, principalement lorsqu'il s'agit de représentations aussi flottantes et aussi complexes que les représentations religieuses, apporter la plus grande attention à la traduction des mots. Ainsi l'on se préparera à traduire le deuxième chapitre du *Yi Li*.

Le *Yi Li* est un ouvrage qui appartient à la littérature dite confucéenne. Il fixe dans un détail minutieux l'ordonnance des cérémonies qu'on célébrait dans la Chine féodale. Pour en traduire le titre et en rendre l'esprit on peut l'appeler le *livre du cérémonial*.

C'est un livre classique ou, pour dire mieux, sacré. La rédaction en est attribuée au duc de Tcheou, au prince sage dont la sainteté affermit à ses débuts la troisième dynastie. Le *Yi Li* considéré comme l'œuvre d'un héros civilisateur est un ouvrage vénérable où il faut voir le fondement de la morale chinoise.

En fait, il est le produit d'une de ces écoles de maîtres de cérémonie archéologues et philosophes dont Confucius est le type le plus achevé. C'est une œuvre d'école, c'est-à-dire tout ensemble une œuvre collective et un manuel, œuvre anonyme qui ne porte la marque d'aucune personnalité, *manuel précis et fait pour être appris par cœur* : d'où sa place exceptionnelle parmi les œuvres de la littérature chinoise.

Lorsque le premier empereur Ts'in voulut miner le particularisme féodal, le *Yi Li* fut détruit avec d'autres classiques, en 213 av. J. C. Mais dès que les Han surent accorder l'esprit des temps nouveaux avec la ferveur archéologique, le *Yi Li* fut reconstitué. Il le fut dans des conditions telles qu'il ne peut pas y avoir de doutes sur l'authenticité de la version nouvelle. « Un grand nombre de lettrés récitaient les Rites, et Kao T'ang, lettré de Lou en récita le plus. Les livres sur les Rites provenaient de l'époque de Confucius; mais ils étaient incomplets. Quand Tsin brûla les livres, il y en eut un grand nombre de perdus. A présent il ne reste plus que les Rites des nobles : le lettré Kao T'ang a pu le dicter. » Cette version recueillie oralement fut confirmée par la découverte d'un texte (de 140 à 83 av. J. C.) échappé à la destruction. A part quelques graphies différentes, les deux textes furent vérifiés conformes.

Mais cette histoire ne prouve pas seulement l'authenticité du texte : elle en fait sentir la valeur. On voit que nombreux étaient ceux qui longtemps après la destruction officielle le savaient par cœur. Or il ne s'agit point d'un texte court et fragmentaire ; il s'agit d'un ouvrage parfaitement composé. Tel que nous pouvons le lire, il est visible qu'aucun vide n'en interrompt le développement. Il n'y a point de discontinuité dans la série des gestes rituels ; à de très rares exceptions près le détail des cérémonies est complet.

Un ouvrage ainsi fait peut être entièrement faux ou bien indiscutablement authentique. Pour le *Yi Li* il n'y a pas de doute possible. A lire les premiers commentateurs témoins de la reconstitution, on voit bien que le sens des rites leur échappait souvent. Mais nous, nous pourrons par des méthodes qu'ils n'auraient pu suivre, retrouver le sens de ces rites et en montrer le caractère ancien. C'est qu'ils expriment, en effet, une organisation sociale dont ne pouvaient plus avoir la moindre idée ceux qui participèrent au dernier établissement du texte. Ainsi les annotateurs n'arrivent point à rendre compte de la séparation en deux groupes de ceux qui participent aux cérémonies. Ils comprennent encore moins comment aux cérémonies mortuaires les filles de la maison jouent un rôle symétrique à celui des étrangers venus pour les condoléances. Pour expliquer cette distribution des rôles il aurait fallu qu'ils puissent, comme nous le pouvons, reconstituer l'histoire ancienne de la famille chinoise. Mais ce dont nous comprenons le sens, ce dont ils ne comprenaient pas le sens, ils n'ont pu l'inventer. Le *Yi Li*, tel que nous le possédons, est un témoin fidèle de la Chine la plus ancienne que nous puissions connaître.

Ce texte important est un texte neuf. Mgr de Harlez en a donné une traduction dont il vaut mieux, pour être charitable, ne pas parler. Le *Yi Li* n'est pas un ouvrage qu'on puisse traduire si l'on ne veut pas apporter à son travail une grande attention. Ce n'est pas qu'il soit très difficile : les difficultés de texte sont presque toujours levées par d'excellents commentaires. Mais il faut vouloir faire usage des commentaires et il faut savoir les utiliser.

Le *Yi Li* sans doute est, à part le *Che King*, le livre des chants et des chansons, le livre classique qui a été le plus étudié en Chine. C'est un livre sacré où sont édictées les règles cérémonielles dont l'observance précise est le fondement de la morale. Pour être honnête homme il faut le comprendre parfaitement. Aussi les meilleurs esprits se sont appliqués à le rendre parfaitement clair. D'où la valeur particulière des commentaires qui l'enrichissent.

Ces commentaires ont pour nous, une valeur égale au texte ; livre et commentaires sont d'une parfaite unité d'inspiration. Les annotateurs collaborent dans le même esprit traditionnel à l'œuvre anonyme des auteurs. De plus le livre ne fait que décrire, les notes expliquent. Manuel pour maîtres de cérémonie, le *Yi Li* décrit avec précision les moindres gestes, il n'a pas à en indiquer la signification. Les annotateurs essaient, au contraire, de rendre compte de toutes les règles cérémonielles. Le *Yi Li*, par exemple, nous apprend le plus petit détail d'un repas de noces. Les commentaires essayent de nous expliquer les croyances qui justifient le choix des mets ou des liqueurs, le nombre des plats et leur disposition, l'orientation des accessoires et la place des acteurs. Pour ce faire, ils accumulent les comparaisons avec les rites similaires ou contraires, et les références aux textes connexes. Ils préparent ainsi l'explication même quand ils en proposent une qu'on ne peut accepter.

Souvent ils en proposent plusieurs et c'est tant mieux. Chacune des explications proposées nous fait connaître l'interprétation d'une école, un état de la tradition ou de la jurisprudence, un trait d'opinions ou de mœurs : enfin un fait nouveau, religieux ou juridique. Par là, l'étude d'un manuel de cérémonies nous permet de savoir ce que furent les anciens usages, comment on les comprit plus tard, comment enfin ils se modifièrent. Traduit tout seul, le *Yi Li* est le plus aride et le plus obscur des textes ; commenté, c'est l'un des plus riches.

Le *Yi Li* est le livre du cérémonial employé dans les classes nobles de la société féodale. Il nous révèle ce qu'étaient, dans un milieu social déterminé, qui est la noblesse, et dans une société définie, qui est du type féodal, un ensemble de pratiques et de croyances juridiques et religieuses. On voit quel peut être l'intérêt du chapitre du mariage.

Il nous apprend les règles d'étiquette qui permettent à deux familles nobles d'entrer en relation ; il nous montre les précautions rituelles nécessaires pour rompre l'antagonisme de groupes familiaux fortement constitués. Il fait voir l'ensemble complexe de réactions que l'alliance matrimoniale détermine entre des personnes de familles ou de sexes différents. Il nous instruit des obligations particulières qui incombent au mari, à la femme, aux beaux parents, au gendre, à la bru. Il donne le sentiment des émotions spéciales qu'éveille l'union sexuelle. Il révèle la valeur mystique du repas de noces qui est un sacrifice et une communion. Il permet d'établir les rapports qui existent entre la piété filiale et le culte des ancêtres : le respect qu'on doit aux parents vivants ou morts ne fait qu'exprimer le caractère sacré de l'autorité domestique.

Ainsi l'étude du deuxième chapitre du *Livre du Cérémonial* nous fera assimiler bon nombre de faits juridiques ou religieux et nous permettra de déterminer leur nature respective et leurs rapports. En outre, puisque ces faits se rapportent à une classe déterminée de la société, si nous les comparons à des faits symétriques étudiés dans d'autres classes, nous pourrons voir comment les mêmes notions religieuses ou juridiques changent de valeur d'une classe à l'autre de la société. Mais pour cela, il nous faudra trouver par ailleurs des faits comparables. L'étude des rites de l'eau nous en fournira quelques-uns.

*
* *

Les textes classiques sont essentiels parce qu'ils nous permettent de connaître la civilisation chinoise au moment où les principes de son organisation sont devenus conscients. Ces principes, une fois exprimés, ont dominé toute l'évolution qui a suivi. Mais ils ne sont pas premiers. Aussi importe-t-il de savoir ce qu'étaient, avant leur formule classique, la société, la morale et la religion chinoises. L'étude isolée d'un texte, d'un texte confucéen principalement, ne peut suffire, quand on a pareil projet. Il faut au contraire rechercher et grouper des textes de dates et de natures diverses ; il faut adopter des méthodes spéciales de travail. Ces méthodes seront très variées.

Nous voulons étudier, à propos des rites de l'eau, un groupe de coutumes et de croyances populaires anciennes. Quelles seront nos sources?

D'abord les ouvrages classiques : mais il faut les lire avec curiosité. On y trouve alors des fragments de textes souvent très obscurs, obscurs pour les Chinois eux-mêmes, et compris parfois à contre-sens. On arrivera cependant à les expliquer si l'on s'avise de tel rapprochement qu'il fallait faire. Le texte aussitôt s'éclaire et devient riche de faits insoupçonnés et précieux pour la connaissance de la plus ancienne Chine. L'ouvrage le plus profitable à étudier dans cet esprit est certainement *le livre des chants et des chansons*. Mais on peut faire quelques trouvailles dans le *Louen-yu* ou le *Tsouo tchouan*.

Les commentaires, encore, fournissent quelquefois un renseignement inattendu : mais il faut en lire beaucoup et avec attention. Parfois une allusion de glossateur met sur la piste d'un rapprochement que jamais le texte n'aurait suggéré.

Les ouvrages non classiques sont particulièrement précieux; ils forment une littérature spéciale que l'érudition chinoise rapproche rarement de la littérature classique ; ce sont de simples textes littéraires à l'aide desquels un glossateur consciencieux ne voudrait pas commenter les textes sacrés. Ces ouvrages, en effet, s'inspirent moins strictement que les autres de l'esprit classique ; ils dépassent les cadres de l'archéologie traditionnelle. Précisément pour cette raison on y trouve des faits que les classiques ne donnent point, parce que ces faits sont en dehors de la morale et de la religion classiques. Ainsi dans la collection dite des Philosophes, ou encore dans le recueil intitulé *Han-wei-tsong-chou* nous découvrirons des textes difficiles d'accès, difficiles aussi à critiquer et à contrôler, mais qui, souvent, rapprochés d'un texte classique lui donnent un sens nouveau et particulièrement sûr.

Puisque nous cherchons à reconstituer d'anciennes croyances populaires les faits du folklore moderne nous serviront souvent. Parfois un texte chinois récent, parfois les recherches d'un observateur étranger viendront nous aider. Surtout, les observations faites sur les peuples aborigènes, sur les populations du Sud et de l'Ouest chinois, nous seront très utiles, parce que ces peuples ont mieux conservé dans leur évolution plus lente les coutumes populaires communes à toute l'aire de la civilisation extrême-orientale.

Ainsi nous aurons recours aux sources les plus diverses. Et ce travail même de la recherche et de la critique des documents nécessaires à cette étude sera le premier service qu'elle nous rendra. Mais les problèmes qu'elle nous posera ne manquent pas d'intérêt.

Nous verrons d'abord sous quel aspect complexe se présentent les questions d'histoire religieuse. A propos des rites de l'eau nous apprendrons qu'on ne peut, dans l'étude des faits chinois, séparer que par abstraction des faits tels que le culte des lacs, des sources, des rivières et des bacs, celui des arbres et des forêts, les cérémonies pour obtenir ou arrêter la pluie, les croyances et les rites relatifs à la végétation et à l'agriculture, les rites de l'initiation, ceux du mariage, les croyances relatives à l'union sexuelle et à la naissance, les idées sur l'autre monde, les rites de purification, les fêtes et les principes du calendrier, les récits mythologiques, etc.

Deux questions retiendront principalement notre attention. La première est celle de la date des fêtes. Nous constaterons que les fêtes se déplacent et nous essayerons de voir quelles nécessités sociales expliquent leur date originelle et quelles spéculations cosmologiques leurs divers déplacements.

La deuxième question est celle du passage des croyances et des coutumes populaires à la religion et à la morale officielles. Nous verrons les idées et les pratiques changer de valeur ou de nature selon les classes sociales ou l'état de l'évolution politique. Nous comprendrons ainsi quelque chose de ce que sont les phénomènes de passage et les survivances.

***

Nos trois séries d'études nous accoutumeront à des méthodes diverses. Elle nous donneront aussi une vue, non pas complète, mais assez variée, de l'ancienne religion chinoise.

Or celle-ci mérite qu'on l'étudie, s'il est vrai que ce qui est le plus utile à connaître d'une civilisation est ce qu'elle a de plus original. Pourtant les documents par où l'on peut apprendre ce qu'elle était, n'ont été encore ni suffisamment ni méthodiquement exploités. Le meilleur du travail sinologique s'est détourné vers le Buddhisme et les grandes religions qui de l'Asie centrale émigrèrent en Chine. Mais pour ce qui est la religion, indigène on s'est à peu près borné à mettre au point les données fournies par les encyclopédies chinoises : aussi, en fait, je ne vois guère comme exemple utile de méthode sévère et précise que le travail de M. Chavannes sur le Dieu du sol. Nous tâcherons de nous en inspirer.

Angers. — Imp. A. Burdin et Cie, rue Garnier, 4.

ERNEST LEROUX ÉDITEUR, RUE BONAPARTE, 28, PARIS

Publications de l'École des Langues Orientales vivantes

IVe SÉRIE. — TOME IV

LES TRADITIONS ISLAMIQUES D'EL BOKHARI

Traduites de l'arabe, avec notes et index par **O. HOUDAS**

Tome quatrième. Grand in-8 de VIII-676 pages . . . . 16 fr. »

BIBLIOTHÈQUE DE L'ÉCOLE DES HAUTES-ÉTUDES

Section des Sciences Religieuses. — Tome XXIX

LES EMPRUNTS DE LA BIBLE HÉBRAIQUE AU GREC ET AU LATIN

Par **Maurice Vernes**, Directeur d'études à l'École des Hautes-Études.

Un volume in-8. . . . . 7 fr. 50

Tome XXVII

GNOSTIQUES ET GNOSTICISME AUX IIe ET IIIe SIÈCLES

Par **Eug. DE FAYE**

Un volume in-8 de 484 pages. . . . . 12 fr.

Ouvrage couronné par l'Académie des Inscriptions et Belles Lettres. — Prix Bordin.

LES ARABES EN BERBÉRIE

DU XIe AU XIVe SIÈCLE

Par **Georges MARÇAIS**

Un volume in-8 de 770 pages, avec une carte . . . . 12 fr. »

Publications de la Faculté des Lettres d'Alger. — TOME XLIX

DICTIONNAIRE FRANÇAIS-BERBÈRE

(Dialecte des Beni-Snous)

par **E. DESTAING**, professeur à l'École des Langues orientales vivantes.

Un volume in-8 . . . . 15 fr. »

VOCABULAIRE FRANÇAIS-DJERMA ET DJERMA-FRANÇAIS

Par **E. MARIE** — Préface de Maurice DELAFOSSE

Un volume in-8 . . . . 5 fr. »

LE DJERMA est un dialecte de la langue Songaï, l'une des plus importantes et des plus répandues dans le Soudan et l'Afrique occidentale française.

Jean d'ERAINES

LE PROBLÈME DES ORIGINES ET DES MIGRATIONS

I. La Bible, document historique. II. Science et méthode. III. La grande hypothèse. Origine de la race blanche. In-8 . . . . 7 fr. 50

Angers. — Imprimerie A. Burdin et Cie, 4, rue Garnier.

www.ingramcontent.com/pod-product-compliance
Lightning Source LLC
LaVergne TN
LVHW010319230826
846091LV00009B/3732
9782013625449